SOUVENIR

DE LA FÊTE OFFERTE

A

M. J.-J. KELLER

PAR SES ANCIENS ÉLÈVES

Le 26 mai 1884

A L'OCCASION DU CINQUANTIÈME ANNIVERSAIRE DE LA FONDATION

DE L'INSTITUTION KELLER

IMPRIMÉ

POUR LA FAMILLE DE M. J.-J. KELLER

ET POUR SES ANCIENS ÉLÈVES

A

Monsieur J.-J. Keller

SES ANCIENS ÉLÈVES

1834 — 1884

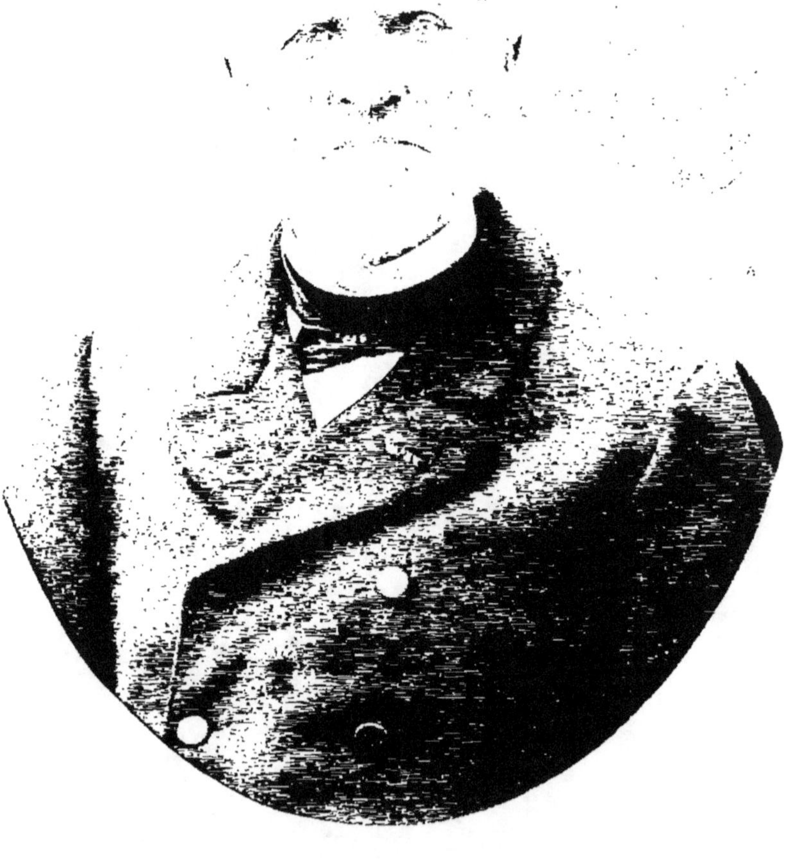

L. COQUIN Phot. 50, Rue N.-D. des Champs. — PARIS

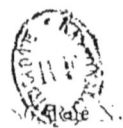

SOUVENIR

DE LA FÊTE OFFERTE

A

M. J.-J. KELLER

PAR SES ANCIENS ÉLÈVES

Le 26 Mai 1884

A L'OCCASION DU CINQUANTIÈME ANNIVERSAIRE DE LA FONDATION
DE L'INSTITUTION KELLER

IMPRIMÉ

POUR LA FAMILLE DE M. J.-J. KELLER

ET POUR SES ANCIENS ÉLÈVES

Le 15 avril 1884, quelques-uns des plus anciens élèves de la pension Keller envoyèrent à ceux de leurs camarades dont ils avaient pu se procurer les adresses, la circulaire suivante :

Cher Camarade,

Il y a un demi-siècle, Monsieur Jean-Jacques Keller fondait, avec Monsieur Valdemar Monod, la maison d'éducation qu'il dirige encore. Nous venons vous proposer d'offrir à notre vénéré maître, à l'occasion de ce cinquantenaire, un témoignage de notre reconnaissante affection, et de nous réunir autour de lui dans un banquet de famille, où se raviveront d'anciens et chers souvenirs.

Si, comme nous l'espérons, cette idée est favorable-

ment accueillie par vous, nous vous prions de le faire savoir à Monsieur Alfred André, rue Lafayette, 31, un des signataires de cette lettre. En même temps que vous l'instruirez de votre intention de prendre part à notre fête amicale, dont la date est fixée au Lundi 26 Mai, vous voudrez bien lui adresser la somme pour laquelle vous jugerez bon de contribuer à l'achat d'un objet d'art sur lequel sera gravée cette inscription :

A JEAN-JACQUES KELLER

SES ANCIENS ÉLÈVES

1834-1884

Un nouvel avis vous indiquera le lieu de notre réunion.

Recevez, cher Camarade, l'assurance de nos sentiments cordialement dévoués.

Jean Monod, E. de Pressensé,
W.-H. Waddington, L. Sautter,
Fréd. Bartholdi, A. Kaempfen,
A. André, Conrad de Witt,
Cornélis de Witt, Ch. Babut,
Théod. Monod, Roger Hollard.

Les réponses à cet appel ne se firent pas attendre. Elles furent nombreuses et très sympathiques. Des lettres venues de France, de Suisse, d'Angleterre, des États-Unis, du Canada, témoignaient du joyeux empressement avec lequel les élèves de M. Keller avaient accueilli l'idée de fêter leur ancien maître et de lui offrir un gage de leur affectueuse gratitude. Tous auraient voulu être présents au banquet, et ceux qui en étaient empêchés par leur éloignement de Paris en exprimaient leur vif regret.

Au jour indiqué par la circulaire, le 26 mai 1884, trente-deux convives se réunissaient dans un salon du Café Corazza, au Palais-Royal, devenu, pour la circonstance, une succursale du réfectoire de la rue de Chevreuse. Monsieur Keller, à l'insu duquel tout avait été préparé et qui n'avait été informé du complot qu'au dernier moment, avait bien voulu accepter de présider le banquet avec Madame Keller. Son fils et sa belle-fille, qui depuis bien des années partagent avec lui la direction de l'institution, occupaient aussi une place d'honneur. Les

autres convives étaient, dans l'ordre d'ancienneté :
MM. Ed. de Pressensé, baron Bartholdi, Louis
Sautter, Albert Kaempfen, Louis Calvet-Besson,
Conrad de Witt, Alfred André, Charles Seydoux,
Georges Thurneyssen, marquis Maison, Justin
Vulliamy, colonel Souham, baron de Vatry,
Théophile de Valcourt, Gustave Monod, Théodore Monod, Roger Hollard, Adolphe Vernes,
Franz Jacot, Gustave Cuénod, Albert Faure, docteur Rondeau, Auguste Fisch, Gustave Robert,
Paul Krug, baron de Neuflize, Jules Goguel, Fritz
Keller.

M. le pasteur Théodore Monod invoque la
bénédiction de Dieu.

M. J.-J. Keller, en déployant sa serviette, y
trouve la croix de chevalier de la Légion d'honneur, et le brevet qui la lui confère. Un de ses
anciens élèves, M. W. Waddington, ancien président du conseil des ministres, et aujourd'hui
ambassadeur de France en Angleterre, l'a demandée pour lui au ministre des affaires étrangères
(M. Keller, Suisse de naissance, n'est pas naturalisé). Un autre ancien élève, M. Albert Kaempfen,
aujourd'hui directeur des Beaux-Arts, n'a pas eu de

peine à obtenir pour cette demande, et au profit du doyen des chefs d'institution de la Seine, l'assentiment du ministre de l'Instruction publique. Il se lève, et s'adresse en ces termes à M. Keller :

« Vous ne doutez pas, cher et vénéré maître, du
« plaisir que nous avons à vous remettre cette croix
« qui sera si bien placée sur votre loyale poitrine.
« J'ajoute qu'une chose double ce plaisir, c'est la faci-
« lité avec laquelle nous avons obtenu une récompense
« que vous avez si bien méritée, c'est l'accueil em-
« pressé qu'a fait à notre demande le ministre de
« l'Instruction publique, alors que j'allai m'assurer de
« ses dispositions, avant que notre camarade Wad-
« dington en saisît le ministre des Affaires étran-
« gères. »

Cela dit, M. Kaempfen donne l'accolade au nouveau chevalier, et attache à sa boutonnière la croix de la Légion d'honneur, au milieu d'un tonnerre d'applaudissements. M. Keller, pour qui la surprise est complète, remercie en peu de mots.

Il est à peine besoin de dire qu'un banquet commencé sous de si heureux auspices se poursuit au milieu de la plus cordiale camaraderie et de la gaieté la plus franche.

Au dessert, M. Edmond de Pressensé prend la parole au nom de tous les anciens élèves :

TOAST

Porté par M. E. de Pressensé

A M. J. J. KELLER

Mes chers Camarades,

Si l'honneur m'a été dévolu de porter ce soir le premier toast à notre cher et vénéré maître, je ne puis y trouver d'autre motif que mon droit d'aînesse, — droit que je partage d'ailleurs avec quelques-uns d'entre vous. Je ne puis contester que je ne sois l'un de vos doyens ; mes cheveux le disent assez. Je suis un grand-père incontesté et pratiquant. J'accepte donc ce périlleux honneur, — périlleux, en effet, car je sais par expérience combien les choses du cœur trouvent difficilement leur expression suffisante. Ce qui me rassure, c'est que le cœur sait se faire entendre au cœur, même sans paroles.

Après tout, c'est pour moi un privilège d'être votre organe pour dire à notre cher maître tout notre respect, toute notre affection, toute notre gratitude dans cette soirée émouvante où nous célébrons le cinquantenaire de la fondation de l'institution de la rue de Chevreuse, dont la direction fut pendant deux ans partagée entre MM. Valdemar Monod et Keller. Je vois encore à cette table plusieurs anciens amis qui étaient de la première heure avec moi. Nous sommes même jusqu'à trois, ici, qui l'avions devancée pour apprendre à connaître et à aimer M. Keller, dans cette belle pension de Fontenay-aux-Roses, devenue aujourd'hui Sainte-Barbe-des-Champs, où il exerçait les fonctions de sous-directeur du *petit collège*. Frédéric Bartholdi et Conrad de Witt s'en souviennent comme moi, quoique nous ne fussions que des enfants de neuf ans.

C'est pour avoir apprécié les éminentes qualités pédagogiques du sous-directeur d'alors, que nos parents et leurs amis le pressèrent de fonder une maison qui fût bien à lui, et où sa direction intelligente et chrétienne pût s'exercer en toute liberté. Telle fut l'origine de la maison de la rue de Chevreuse — notre vieille maison, dirais-je, si le printemps ne rajeunissait chaque année les beaux ombrages du jardin, que nous avons tant animé de nos jeux.

Que de générations d'élèves, appartenant aux pays les plus divers, s'y sont succédé! Quelle moisson de souvenirs ils en ont emportée, partout où le vent de la vie les a dispersés! Nous ne pouvons nous dissimuler que, dans les premières années qui suivirent notre sortie de la pension, ces souvenirs ne fussent quelque peu mélangés, pour notre cher maître et pour nous, du moins pour ceux qui, comme moi, n'avaient pas l'honneur d'appartenir à l'élite des élèves parfaits. Il avait bien fallu triompher de nos défauts. Cependant, jamais ces souvenirs n'ont été du genre de ceux que j'entendais un jour, en 1848, invoquer par M. le marquis de La Rochejaquelein, — un arriéré des plus spirituels, — dans une réunion électorale du quartier des Écoles, devant laquelle il posait sa candidature. Comme, pour l'embarrasser, quelques électeurs lui demandaient ce qu'il avait conservé de son éducation chez les Révérends Pères Jésuites : — « J'en ai gardé, dit-il, des souvenirs *cuisants*. » L'auditoire éclata de rire et fut désarmé.

Eh bien ! nous n'avons jamais gardé aucun souvenir *cuisant* de la pension Keller. Nous y avons connu cette discipline ferme et correcte, si nécessaire à l'enfant pour former l'homme, et qui, en nous apprenant l'obéissance à la règle, nous apprend à devenir des hommes libres. Notre grand, notre meilleur souvenir, mes chers camarades, n'est-il pas le souvenir vivant, gravé dans nos cœurs, de notre excellent maître lui-même, de sa personnalité si noble, de ce mélange de fermeté et de bonté que nous avons toujours trouvé en lui, de cette droiture inflexible qui nous inspirait l'horreur du mensonge et des basses délations, de cette affection que nous sentions si profonde et si sûre, et qui s'attachait à ce qu'il y a d'essentiel et d'immortel en nous, à notre âme, à notre conscience, — enfin de ces efforts constants, sans dévotion mesquine, pour nous gagner au Dieu de l'Évangile. Nous avons vraiment vu dans notre maître vénéré un chrétien, et c'est une grande chose !

Nous ne l'oublierons pas. Nous ne pouvons davantage oublier ce qu'il a été au sein de notre protestantisme évangélique : quel dévouement, quelle générosité, quel ferme vouloir il a mis au service de la plus sainte des causes. Je m'arrête, car tout ce qui ressemblerait à un panégyrique ne pourrait que l'offenser.

Dernièrement, à Lausanne, dans un banquet qui m'était offert par d'anciens condisciples et amis, réunis à la suite d'une conférence que j'avais faite en faveur de l'érection du monument de Vinet — payant une dette sacrée envers sa chère et grande mémoire, — M. Eugène Rambert, l'éminent biographe de mon illustre maître, me porta un toast en ces termes : *A Monsieur de Pressensé tout entier,* ce qu'il expliqua ainsi : *A Monsieur de Pressensé et à la meilleure moitié de lui-même.* Eh bien! je porte le même toast à notre cher président, et je dis : *A Monsieur Keller tout entier,* ne séparant pas de lui Mme Keller, qui lui a été si intimement associée dans sa belle activité. Nous savons à quel point elle a su toujours unir la vaillance à la bonté ; les pauvres qu'elle a si fidèlement aimés et secourus ne me pardonneraient pas de l'oublier! Dans notre toast à M. Keller, nous faisons aussi une place à son digne fils, qui poursuit son œuvre avec lui dans le même esprit. Nous y comprenons tous les siens, appelant sur lui, comme sur eux tous, et sur sa maison, qui nous est si chère, les meilleures bénédictions de Dieu.

M. Keller, vivement ému, se lève et prononce l'allocution suivante :

DISCOURS DE M. KELLER

Messieurs et chers Amis,

Je suis extrêmement touché et reconnaissant de tout ce que notre excellent ami, M. de Pressensé, m'a dit en votre nom. Je retiens surtout l'expression de votre affection, si douce à mon cœur, et à laquelle je dois cette charmante fête de famille, où je me vois entouré de tant d'amis précieux et d'hommes distingués par leur caractère et par leurs travaux divers. Je pourrais être intimidé devant cette imposante couronne de têtes grises ou déjà blanches, si je ne vous savais si bienveillants et si indulgents pour votre vieux maître.

Laissez-moi vous rappeler en quelques mots la pensée qui a présidé à la fondation de l'établissement dont vous fêtez aujourd'hui le cinquantenaire. Le mouvement religieux de 1830 fut comme un réveil d'entre les morts. Il semblait que l'on comprît pour la première fois que l'Évangile est une vie, et que cette vie, comme une sève généreuse, doit pénétrer l'homme tout entier. Ce mouvement fut le point de départ d'une activité féconde, incessamment alimentée par la lecture assidue de la Parole de Dieu, par la prière individuelle et collective, et se traduisant en un généreux élan d'évangélisation dans toutes les sphères de la société. On comprenait peut-être mieux qu'aujourd'hui que tout chrétien doit être ouvrier avec Dieu, et son témoin dans le monde. Dans l'ardeur d'un zèle nouveau, on ne laissait aucun repos à l'indifférence ou à l'incrédulité; on ne craignait pas de s'exposer au reproche d'indiscrétion dans les relations sociales ou de famille. Ce fut le temps de la fondation de la plupart de nos sociétés religieuses. C'est alors aussi qu'on sentit vivement le besoin d'une maison d'éducation chrétienne pour nos jeunes gens.

Cette maison, fondée en 1834 par mon regretté collaborateur M. Valdemar Monod et par moi, était, je crois, la première en France parmi les protestants. La tâche qui nous était imposée par vos familles, dont le bienveillant intérêt faisait notre principale force, était particulièrement difficile. Nous n'avions pour nous guider que quelques maisons d'éducation des frères Moraves en Allemagne, dont les plans d'études et les habitudes religieuses locales différaient essentiellement des nôtres. L'Angleterre nous offrait plutôt le modèle que nous avions à suivre, avec le docteur Arnold, le pédagogue si distingué de la célèbre école de Rugby, dont il voulait faire une école chrétienne, ou, comme il disait : « a school of christian gentlemen. » Vous connaissez sans doute les sermons si remarquables qu'il adressait le dimanche aux élèves de son école.

Soit par ces prédications, soit par les rapports fréquents qu'il eut avec ses élèves, il exerça sur eux une influence considérable; mais il est malaisé d'être un second docteur Arnold.

Je me trouvais alors depuis trois ans au collège de Fontenay-aux-Roses, en qualité de sous-directeur du petit collège, comptant une quarantaine d'élèves, parmi lesquels figuraient déjà MM. Ed. de Pressensé, Fr. Bartholdi et Conrad de Witt, que nous avons le plaisir de voir ce soir au milieu de nous.

Ils furent, avec MM. Jean Monod, Jules Hollard, William Waddington, Louis Sautter, Louis et Emmanuel Ricou, nos premiers élèves à la rue de Chevreuse, auxquels se joignirent bientôt MM. Nadau, Kaempfen et Calvet.

Pleins du désir de répondre à l'idéal conçu, d'accord avec nous, par les parents de nos élèves, mon cher associé, M. Valdemar Monod, qui resta deux ans mon collaborateur, et moi, nous nous mîmes, peut-être avec plus de zèle que de sagesse, à l'œuvre spéciale de l'évangélisation de nos élèves, sans négliger pour cela les diverses branches de l'enseignement, parmi lesquelles les langues vivantes, et surtout l'allemand, eurent au début une place prépondérante. Nous pensions du reste faire faire à nos élèves toutes leurs études classiques chez nous, ce qui fut plus tard jugé impraticable à cause des changements fréquents de nos principaux professeurs gradués, que le ministre réclamait pour les lycées. Notre si regretté frère et ami, M. Frédéric Monod, fut pendant bien des années l'aumônier de notre maison et notre conseiller.

Nous fûmes tous d'accord pour reconnaître que les sentiments religieux qui n'étaient pas enracinés dans la conscience étaient de nulle valeur. Aussi tous nos efforts tendirent-ils à la réveiller et à faire appel à l'obéissance stricte et immédiate des élèves, comme au meilleur moyen d'éducation de la volonté, qui joue un si grand rôle dans le domaine religieux et moral. Il n'y avait à cet égard aucune distinction à faire entre nos élèves catholiques et protestants, les uns et les autres ayant le même besoin d'être armés contre les tentations et les épreuves de la vie de ce monde.

Vous savez du reste, chers amis, que nous ne nous sommes pas bornés à vous donner des leçons, mais que nous avons passé une grande partie de notre temps disponible au milieu de vous, en prenant souvent part à vos jeux.

J'ai ensuite reconnu que les allocutions quotidiennes sur les questions religieuses risquaient de produire une certaine satiété, et que, sauf dans des circonstances particulières, nous devions nous borner à la lecture de la parole de Dieu et à la prière, réservant à nos entretiens individuels avec vous les appels à l'obéissance de la foi.

Permettez-moi toutefois d'ajouter que j'ai eu le plaisir de recevoir, ces jours derniers, des lettres touchantes de deux pasteurs (qui ne prêchent pas dans des églises libres), et dont l'un m'écrit ceci : « Vos bonnes exhortations aux cultes du soir ont souvent

été droit à ma conscience, et ont développé les germes de la foi, qui avaient été déposés dans mon cœur par l'éducation que j'avais reçue dans ma famille. »
— L'autre s'exprime à peu près dans les mêmes termes.

Je conviendrai, si vous voulez, que ces jeunes élèves étaient très bien disposés, et que nous faisons bien de mesurer le plus sagement possible la nourriture spirituelle à la capacité d'assimilation de nos enfants.

Permettez-moi de rappeler encore à votre souvenir un de vos anciens camarades, Nadau, qui était, je crois, particulièrement lié avec MM. Fr. Bartholdi et Kæmpfen. Peu de temps après avoir achevé ses études classiques, il eut la douleur de perdre d'abord sa mère, puis son père. Il nous fit alors le grand plaisir de nous demander de le recevoir de nouveau dans notre famille.

Il demeura tout un été avec nous, et j'eus avec lui des entretiens très intéressants, entre autres sur l'éducation. Il me dit un jour — et sa voix semblait exprimer une sorte de regret — qu'il n'avait jamais pu, comme tel de ses camarades, s'endormir pendant mon allocution du soir, et qu'il avait ainsi, comme malgré lui, recueilli des conseils, des appels, qui l'avaient plus d'une fois travaillé et remué dans le fond de son cœur.

Une maladie de poitrine obligea cet ami à nous quitter en automne pour se rendre à Pise, où bientôt, gravement malade, il fit appeler un prêtre pour l'assister dans ce moment difficile. Notre ami lui avoua ingénument qu'il puisait journellement sa paix et son espérance dans la lecture de la Bible, et refusa énergiquement de se priver de cette source de consolations. Le prêtre rapporta ce fait à l'archevêque de Pise, qui dès lors visita lui-même notre cher Nadau, et lui fit du bien tant par ses directions spirituelles que par les lectures qu'ils firent en commun de cette même Bible, dont un zèle imprudent avait voulu priver le malade. Notre ami me l'apprit lui-même dans quelques lettres qu'il m'adressa peu de temps avant sa mort. Il me dit aussi qu'il avait légué sa Bible à l'archevêque, et que ce don d'un mourant n'avait pas été repoussé. La foi sereine de Nadau et sa paix en face de l'éternité sont pour moi une grande consolation et un encouragement à la fidélité dans la mission que Dieu m'a confiée auprès de nos jeunes gens.

Je sens vivement les imperfections de ma direction pendant ces cinquante années, et je ne suis à cet égard, comme à tous les autres, en paix, qu'en demandant souvent au Seigneur, qui est « le réparateur des brèches », de vous accorder tous les dons de sa grâce, que j'ai été inhabile à vous faire désirer et rechercher.

Pour être juste, il faut aussi mentionner la part d'influence qui revient à la mère de famille dans notre établissement. L'éducation de la jeunesse a tout à gagner à l'intervention de la femme chrétienne, qui est de bon conseil et de bon secours en tout temps. Votre confiance affectueuse a toujours été la meilleure récompense de ma chère femme. Elle a été pour moi une vaillante compagne dans les épreuves traversées par la maison, au milieu de tous les changements de régime politique, dans la bonne et la mauvaise fortune publique, et dans la concurrence croissante avec d'autres établissements mieux appuyés que le nôtre. Un seul exemple montrera ces difficultés. Nous terminions l'année 1847 avec quarante-quatre élèves. En octobre 1848 nous n'en comptions plus que quatorze. Et que de secousses semblables n'avons-nous pas eues depuis lors !

Toutefois, par la bonté de Dieu et le concours d'anciens élèves, qui nous adressent de nouveaux élèves, nous sommes encore debout. Vous apprendrez avec intérêt que nos élèves actuels, sous l'impulsion nouvelle donnée à l'enseignement classique par mon fils, ont été très encouragés dans ces dernières années par les succès qu'ils ont remportés, soit au lycée, soit aux épreuves du baccalauréat.

Permettez-moi en terminant, chers amis, de vous exprimer ma vive reconnaissance du généreux concours que vous m'avez accordé, lors de la construction de la chapelle du Luxembourg et des écoles qui en dépendent, constructions qu'en ma qualité d'administrateur, seul responsable, je n'aurais jamais osé entreprendre sans vous. Je comptais sur votre sympathie, et vous avez généreusement répondu à mon attente. Quand je n'aurais pas d'autre récompense terrestre de mes longs efforts, celle-là me suffirait. C'est une œuvre de foi que nous entreprenions, mon très excellent et cher ami M. R. Saint-Hilaire et moi, avec quelques frères dévoués, œuvre jugée irréalisable par plusieurs, et qui aujourd'hui, grâces en soient rendues à Dieu, puis à vous, chers amis, est une réalité : elle subsiste et elle prospère.

Vous m'avez comblé d'honneur et de bontés jusqu'à me rendre confus. Que le Seigneur vous accorde à tous ses meilleures bénédictions, et qu'il nous fasse la grâce de nous réunir tous un jour dans ces demeures éternelles préparées pour ceux qui l'aiment et qui le servent.

*
* *

Après ce discours qui provoque d'unanimes applaudissements, M. Alfred André porte la santé des absents. A lui avait été dévolue la tâche de dépouiller la correspondance, et il voudrait pouvoir lire toutes les lettres qu'il a reçues. Il tient du moins à se faire l'interprète, vis-à-vis de M. Keller, des sentiments unanimes d'affection, de reconnaissance, de vénération, de ceux de ses anciens élèves qui n'ont pas pu venir les lui exprimer eux-mêmes ce soir, et à réclamer en faveur de ceux-ci le souvenir sympathique des camarades présents à cette fête de famille. Puis il donne lecture de la lettre suivante qui a été adressée à M. Keller par M. Jean Monod, professeur à la Faculté de théologie de Montauban :

A MONSIEUR KELLER

POUR LE 26 MAI 1884

Montauban, 24 mai 1884.

Bien cher et vénéré « Herr Keller, »

Puisque votre numéro 1 de 1834 ne peut vous dire de vive voix, lundi, les sentiments d'affection et de gratitude qu'il a toujours eus pour vous et que réveille avec force ce cinquantenaire, laissez-moi, du moins, vous assurer de loin, que je m'associe, du fond du cœur, à tous les témoignages de sincère attachement et à tous les vœux qui vous seront exprimés dans cette fête de famille.

Ce n'est pas sans émotion que je me rappelle le jour où, conduit par ma mère, je franchissais, à l'âge de douze ans, le portail du n° 4 de la rue de Chevreuse, en même temps qu'Edmond de Pressensé, votre n° 2, — Jules Hollard, n° 3, — William Waddington, n° 4, — Louis Sautter, n° 5. — Tout cela est encore vivant pour moi. Depuis ce moment jusqu'à aujourd'hui, la pension Keller a toujours occupé une grande place dans ma vie : mon père en a été bien longtemps l'aumônier; mes frères et mes fils ont été vos élèves. Que de liens entre nous! Et que de familles pourraient vous dire la même chose!

Dieu vous a donné de fournir vaillamment et dans l'intérêt général une longue carrière. Nous l'en bénissons avec vous, et nous vous gardons tous le souvenir le plus reconnaissant. Puisse cette réunion de vos anciens élèves vous apporter quelque joie et comme un avant-goût de la réunion éternelle où maîtres et disciples, recueillis dans la maison du Père, seront assis au banquet de la charité et de la sainteté!

Votre ancien élève et bien dévoué frère,

JEAN MONOD.

M. Louis Sautter porte un toast aux souvenirs d'enfance, et lit la pièce de vers suivante :

SOUVENIRS D'ENFANCE

Cher maître, vous m'avez enseigné bien des choses :
Du latin et du grec les premiers rudiments,
A discerner en tout les effets et les causes,
Et même à conjuguer des verbes allemands !
Mais, parmi ces trésors amassés dans ma tête,
Il en est un qui manque et que je cherche en vain,
C'est l'art de m'exprimer en langage divin.....
Pourquoi n'avez-vous pas, de moi, fait un poète ?

Vous m'auriez entendu célébrer en beaux vers
Notre Institution, raconter sa naissance,
Évoquer, sous vos yeux, les cent tableaux divers,
Tous charmants (vus de loin), de notre heureuse enfance !
Jamais je n'oublîrai ce jour, ce fameux jour,
Où dix pauvres gamins, conduits par leur famille,
Ayant à peine l'âge où tout seul on s'habille,

Furent à « Herr Keller » présentés tour à tour.
Inscris, ô Muse, inscris leurs noms dans ton registre :
Jean Monod, Bartholdi, Pressensé, Waddington,
Graine de sénateur et de premier ministre,
Hollard, les deux *Ricou, Sautter, Mervyn* et *John.*
Un culte inaugura leur nouvelle demeure ;
Puis on fit aux parents parcourir la maison :
(A nos yeux, franchement, c'était une prison,
Dont les portes allaient se fermer tout à l'heure.)
On visita la cour, le jardin, les dortoirs,
Et la salle d'étude avec ses bancs tout noirs,
Le lavabo, garni d'une toile cirée,
Le réfectoire avec sa table préparée,
Les fourneaux où cuisait notre premier festin,
La classe où nous allions apprendre le latin...
Nos mamans approuvaient, trouvaient tout admirable,
Et nous, le cœur bien gros, serrant leur main bien fort,
Nous faisions, pour ne pas pleurer, un grand effort.

Hélas ! il arriva, le moment redoutable
Du départ des parents et des derniers adieux !
On s'embrassa longtemps, on s'essuya les yeux,
Puis on sonna la cloche et l'on se mit à table.
Nous eûmes du dessert... et c'étaient des pruneaux !
Même on nous fit jouer, ensuite, aux dominos.
Ainsi se termina la première soirée ;
Ah ! c'était l'âge d'or ! — courte en fut la durée.
Le lendemain matin, nous eûmes du pain frais...
Enfin l'on n'épargna, pour nous plaire, aucun frais.

Faut-il vous l'avouer ? rebelle à tant de charmes,

Mon cœur vers la maison se dirigeait toujours,
Et sur mon traversin je versais bien des larmes !
(On ne devait sortir que tous les quinze jours.)
Puis, insensiblement, on changea de régime :
Le docteur Lamouroux (découverte sublime !)
Trouva que du pain frais ne nous convenait pas ;
Que pour notre lever, nos jeux et nos repas,
Il fallait adopter des règles plus austères.
On se leva plus tôt, et, devenus sévères,
Les maîtres nous traitaient comme de grands garçons.
On devait, sans broncher, réciter les leçons ;
Le collège, bientôt, nous imposa les siennes.

Vous les rappelez-vous, nos courses quotidiennes,
Au travers des lilas fleuris du Luxembourg ?
Et puis la gymnastique avec Monsieur Rebours ?
Pendant l'hiver, la neige et les longues glissades ?
En été, les bains froids, les plongeons, les passades ?
Et les samedis soir ! lorsque, le lendemain,
On devait du logis reprendre le chemin ?
Les rêves enchanteurs en pensant au dimanche,
Et le bonheur de mettre une chemise blanche,
Et les combats à coups de *paquets,* en champ clos,
Dès l'instant où le maître avait tourné le dos ?
Et le chagrin de voir la fin de la journée,
Quand on rentrait maussade, et qu'ôtant son habit,
On soupirait tout bas le mot du père Énée :
« *Forsan et hæc olim mem'nisse juvabit ?* »

Et le long désespoir des jours de retenue,
Et des pensums divers l'implacable fardeau,

Et de Monsieur Keller la fête revenue,
Et nos graves débats pour choisir son cadeau ?

Je n'en finirais pas, si je voulais tout dire...
Ce qui nous fit pleurer, aujourd'hui nous fait rire ;
Nous contemplons d'un œil plein d'attendrissement
Ce qui nous ennuyait jadis affreusement.

Talisman merveilleux des souvenirs d'enfance !
Nous éprouvons, ce soir, ton charme et ta puissance !
Nous te devons, ainsi qu'on nous l'avait promis,
Nos plus heureux moments et nos meilleurs amis.
Que de fois, arrivés près du soir de la vie,
Nous tournons un regard de regret et d'envie
Vers les tableaux lointains de nos plus jeunes ans !
Comme nous voudrions redevenir enfants !

Nous le serons toujours pour vous aimer, cher maître ;
Beaucoup mieux qu'autrefois, nous savons reconnaître
Le prix de votre amour chrétien et vigilant.
Soit que nous parcourions, d'un pas rapide ou lent,
La route commencée ou près d'être finie,
Ce jour est pour nous tous une halte bénie,
Où se sont rencontrés et se donnent la main
Le souvenir d'hier et l'espoir de demain.

*
* *

M. Louis Sautter se rassied et semble adresser une interrogation muette à M. Théodore Monod. Celui-ci, tandis qu'il se lève lentement, lui dit à demi-voix :

Vers mes yeux et ma poche avec sollicitude
Vous lancez des regards empreints d'inquiétude...
Brigadier, calmez-vous... Tenez : j'ai mes papiers.
— « Sont-ce des vers, au moins ? »
                              — Des vers de douze pieds !
Vous voilà souriant... Je tousse, et je commence.
                              (Il tousse.)

O Muse !... (mais d'abord je préviens l'assistance
Que, grâce à des labeurs variés et constants,
« Je n'ai, » comme on l'a dit fort bien, « pas eu le temps
D'être court ; » vous savez que cela signifie :
Armez-vous d'indulgence et de philosophie.
Quelqu'un pense, à part soi : « Mais si, tout bonnement,
Il se taisait ?... C'est simple, et ce serait charmant. »
— Charmant, oui ; simple, non ; je fus rimeur en herbe ;
Tel on sème son grain, telle on cueille sa gerbe ;
Hélas ! il est trop vrai : « quiconque a bu, boira » —
Loi fatale ! — et quiconque a rimé, rimera.)

O Muse d'autrefois !... Muse de ma jeunesse !...

(C'est un début classique, et riche de promesse.
Ah! J'avais un beau plan — comme ce bon Trochu —
Mais — toujours comme lui — me voilà bien déchu...
... J'y renonce, et quittant l'essor de l'épopée,
Je continue à pied — genre François Coppée.)

En l'an de grâce mil huit cent quarante-cinq,
Avant les canons Krupp, avant le Blanc de zinc,
(Avant le Blanc de zinc... du moins, je le suppose...
On peut, si l'on y tient, vérifier la chose)
Certaine *citadine* (un mot de ce temps-là)
Du Faubourg Saint-Martin, sans se presser, roula
Jusqu'à la rue au nom fort noble de Chevreuse,
Numéro quatre.
    On sonne.
        On ouvre.
            Ténébreuse
Bâille une voûte basse... Oh! comme il faisait noir!...
(C'était au mois de Mars, à six heures du soir.)
Abandonnant mon père et mon frère au plus vite,
J'avise un point qui brille et je m'y précipite :
Les yeux écarquillés, je vois par le carreau
Un grand maître d'étude assis à son bureau,
Et, debout sur un banc, chose extraordinaire,
Un écolier, chargé d'un gros dictionnaire
Qu'il portait sur sa main — lourde punition.
Il me découvre... et moi, plein de compassion,
(L'on donne ce qu'on a — mettez-vous à ma place —)
Je lui fais de mon mieux ma plus laide grimace.
Il m'en fait une horrible... et nous sommes amis.

Vénéré Directeur, ce n'était pas permis...
C'était employer mal ma première minute...
Non, ce n'est point ainsi qu'un bon sujet débute...
Je suis plus pénitent que vous ne le croyez...
J'aurais dû l'avouer plus tôt... Aussi, voyez :
(On l'a dit en latin : La justice implacable
Sans trêve et sans merci poursuit l'homme coupable —
Justitia pravum persequitur virum —)
Après trente-neuf ans, j'apporte mon pensum.

Mon pensum... Si jamais je n'en avais fait d'autres !
... Vous, messieurs, qui riez, auriez-vous eu les vôtres ?
N'insistons pas... Mon plan comportait un tableau
(Ah ! le plan bien conçu !... mais il est à vau-l'eau...)
Où se trouvaient groupés les anciens camarades,
Dont je remémorais certaines escapades
Que l'on peut rappeler sans les mettre en péril.
Tel était plus hardi, tel autre plus subtil ;
Nous comptions des piocheurs et des cœurs magnanimes :
A leur tête *Babut* (Paris l'envie à Nîmes),
Prix d'honneur au Concours ; puis nous avions de ceux
Qu'on appelle étourdis, rêveurs,... ou paresseux ;
Contre eux se déchaînaient, pleuvant du haut des nues,
Zéros, zéros barrés, consignes, retenues,
Toute la grêle enfin qu'on voit tomber toujours
Sur les garçons « légers », et jamais sur les lourds.
Nos pensums, nos devoirs, nos livres, nos méthodes,
Étaient encor calqués sur les anciennes modes :
Les plus tendres bambins, jusqu'au « petit Pitouf »,
N'échappaient à Lhomond que pour trouver Baroüf.
Durant sept ou huit ans, trois farouches grammaires

Arrosaient nos esprits de leurs ondes amères...
Aujourd'hui, l'on badine avec le rudiment ;
L'on commence plus tard, l'on va plus promptement ;
Nous pourrons voir, dit-on, notre jeunesse agile
Mieux comprendre Aristote et mieux goûter Virgile...
A merveille !... J'observe, — et j'espère, — et j'attends.
Tout n'était pas parfait, dans notre bon vieux temps :
On négligeait un peu l'exact et le pratique...
Pour toute nourriture avoir du sel attique,
Cela ne suffit point, j'en demeure d'accord.
On fait suivre à nos fils un régime plus fort :
Ils sont initiés aux recherches savantes,
Ils font de grands progrès dans les langues vivantes...
Auront-ils plus de flamme, et de grâce, et de goût,
D'esprit français, enfin, — chose exquise, après tout ? —
Ils distinguent bien mieux un navet d'une rave :
Vont-ils marcher d'un pas plus sûr, d'un cœur plus brave,
D'une âme plus chrétienne au sentier du devoir ?
C'est là surtout le point que je voudrais savoir.

(Excusez-moi ; je crois que j'ai pris la tangente...
Quand je vous demandais une oreille indulgente,
N'avais-je pas raison ?)

                Çà, coupons au plus court :
Évoquons *Thurneyssen,* les *Vernes, de Valcourt,*
Alpen, au piano chantant des chansonnettes,
Henri Joly, si riche en plaisantes sornettes,
Qui nous divertissait par ses mots pleins de sel...
Revoyez-vous l'aîné, près du cadet, *Roussel ?*
Et *Fortel (Dioclès),* au prénom mémorable,

Hollard, Tarteiron, Koch, dormeur incomparable,
Jean-Jacques Villaret, Faure, son grand ami,
Les *Ricou,* les *Chipron,* les *Croll,* les *Vulliamy?*
Quatre à quatre on grimpait jusqu'à *la lingerie;*
Dans un recoin caché nichait *l'infirmerie,*
Où de beaux petits lits avec de blancs rideaux
Semblaient nous convier à de douillets dodos ;
Mais l'ordonnance, hélas ! « *Camomille et diète* »
Remettait brusquement chacun dans son assiette,
Si bien qu'au second jour tous nos endoloris
Descendaient à l'étude, affamés et guéris.
A l'heure du goûter, courant vers la fenêtre,
Nous voyions les longs pains paraître et disparaître :
Ainsi que dans la vie, entre tous les gloutons
C'était à qui pourrait accrocher des croûtons ;
Quelques-uns même avaient jusqu'à des confitures...
Le portier nous vendait de douces fournitures :
Chocolat, sucre d'orge, — et tout un escadron
S'engouffrait dans votre antre, ô père, ô mère *Dron !*
Couple antique, — sans peur, si ce n'est sans reproche, —
Qui tiriez le cordon et qui sonniez la cloche !

Puis (dans mon plan, toujours), je faisais défiler
Nos maîtres : *Ladrierre,* — il savait bien « coller »,
Et fut nommé préfet *, pour ses excès de zèle ;
Gastelier, brave et bon, gentilhomme modèle ;
Brandt, aux cheveux de flamme, à la lugubre voix ;
Rümling, qui se lavait... se brossait... quelquefois ;
Rochat, très digne et grave. En allant au collège,

* « Préfet des études. »

Nous glissions, culbutant à l'envi sur la neige...
Comme il disait : « Gamins ! Sous couleur de verglas,
Vous le faites exprès !... » voilà qu'il tombe... hélas !
Hunziker, fort en grec, muni de feuilles neuves,
Pour les Firmin Didot corrigeait des épreuves.
Un certain soir d'été, rentrant du Luxembourg,
Il se mit en devoir d'empoigner *Villibourg* :
L'un était des plus gras, l'autre des plus ingambes,
Et nous les regardions courir à toutes jambes.
Avec notre idiome étant peu familier :
« Tu vas voir ! » criait-il ; « je te donne un soulier ! »
— « Un *soulier !...* Un *soulier ! !...* » ricanait le rebelle,
« On dit : « un *coup de pied !* »... puis courait de plus belle.
« Fort bien ! » fit Hunziker, « et tu l'appelleras,
Quand tu l'auras reçu, du nom que tu voudras. »
(Dites-moi donc comment ces anciennes histoires
S'incrustent pour jamais au fond de nos mémoires?)
Je vois, les dépassant de la tête, *Boileau,*
Et ta moustache blonde, aimable *Ruinello,*
Le gai « papa *Rebours,* » debout près du portique,
Mêlant les jeux de mots avec la gymnastique ;
Le violon d'*Ammann,* qui passait, *crescendo,*
De *do, ré, mi, fa, sol,* à *sol, fa, mi, ré, do.*
Je vois *Lackerbauer,* dont le crayon fidèle
D'un talent délicat nous offrait le modèle,
Et le visage ami du Docteur *Lamouroux...*

J'aurais développé tout cela, voyez-vous.

Après quoi, dans la cour de notre vieux collège,
Nous aurions vu passer un plus docte cortège :

Pierron, qui « s'étonnait de notre étonnement » ;
Croiset, marquant les points minutieusement ;
Loudierre et *Demogeot*, ces fleurs de rhétorique ;
Lorquet, le philosophe âpre et catégorique ;
Macé, petit de taille et grand d'autorité ;
Il est de lui, ce trait qu'on a souvent cité :
C'était jour de rentrée, — un jour d'aise, de grâce, —
Deux nouveaux se battaient, en attendant la classe ;
Survient le professeur, et leur dit d'un ton doux :
« Cinq cents vers à chacun... Comment vous nommez-vous ? »
Duruy, qui plus tard devait être ministre ;
Sédillot, dont parfois l'humeur était sinistre :
Nous composions. J'avais terminé. Le grognard
Me voit rire, lisant *le Distrait*, de Regnard,
Et, sans dire un seul mot, l'introduit dans sa poche
Béante. Il aurait pu le perdre. Je m'approche
Doucement par derrière et ressaisis mon bien.
Tout allait pour le mieux, lorsqu'à propos de rien
Il se tâte, il se fouille, il s'informe, il s'emporte,
Bref (c'était « très injuste ») il me met à la porte.

Je vous aurais parlé du gros Monsieur *Huguet*,
Du pétillant *Denis*, de l'austère *Longet* ;
Ensuite, ayant franchi les abords du poème,
J'aurais, pour célébrer Monsieur Keller lui-même,
Donné de tout mon cœur et de toute ma voix.
Oh! ce ne serait pas pour la première fois :

> « *Il est, au désert de la vie,*
> *Des jours de paix et de bonheur,*

Pareils à l'oasis fleurie
Qui rafraichit le voyageur ;
Des jours où l'homme qui chemine,
L'œil toujours devant soi fixé,
S'arrête, se tourne, examine
Le pays qu'il a traversé ;
Cherche, mêlant les sourires aux larmes,
Ce que portait d'amertume ou de charmes
  Ce passé, naguère avenir ;
  Du bien, du mal fait la balance,
  Voit ce que perd une espérance
  En devenant un souvenir. »

C'étaient mes vers pour vous, voilà trente ans, tout juste :
Le vingt-quatre juillet *; jour béni, date auguste,
Où l'on s'amusait bien, — l'on mangeait bien, aussi, —
Dans le jardin, d'abord, puis à Montmorency :
Cadeau, discours, banquet, concert, feu d'artifice,
Et les ânes, venant « couronner l'édifice ! »
Avant de nous tasser dans les hauts chars à bancs,
Mon père, mainte fois, nous fit « battre des bans » ;
Parmi cette jeunesse il était le plus jeune...
Aujourd'hui (ce n'est pas non plus un jour de jeûne !)
Vous voyez revenir vos oiseaux envolés,
Pour fêter avec vous cinquante ans écoulés.
Heureux ceux qui sont là ce soir ! Mais combien d'autres
Dont l'hommage et les vœux viennent s'unir aux nôtres,
Pour vous dire avec nous toute l'affection

* La fête de M. Keller.

Qu'éveille au fond des cœurs la vieille pension !
De la Californie à l'Arabie Heureuse
On en trouve partout, de ces ducs de Chevreuse :
Papas et grands-papas, savants et sénateurs,
Écrivains, financiers, surtout prédicateurs...
(Jadis l'on sermonna si fort nos bons apôtres
Que, pour se rattraper, ils sermonnent les autres.)
S'agit-il d'éclairer les côtes de la mer ?
Vite on demande un phare à l'élève *Sautter ;*
Faut-il à nos Beaux-Arts un chef qui les dirige ?
Soit : l'élève *Kaempfen* mènera le quadrige ;
Le Calvados a-t-il besoin d'un bon préfet ?
L'élève *Henri Monod* conviendra tout à fait ;
Si l'on veut couronner l'Empereur de Russie,
Pour que la fête soit correcte, réussie,
L'élève *Waddington,* avec un très grand air,
Représente à Moscou la pension Keller.
L'élève *Pressensé,* dans un calme impassible,
Voit se mouvoir le monde et reste inamovible*.
A tous ces décorés, certes, c'est grand'raison
D'adjoindre (il était temps) le chef de la Maison ;
Cette croix, qui couronne une longue campagne,
Récompense avec lui sa vaillante compagne :
Elle était à la peine et doit être à l'honneur.
Que ce jour leur apporte un rayon de bonheur !
Que Dieu comble de biens leur sereine vieillesse !
Qu'au bras ferme d'un fils appuyant leur faiblesse,
Ils marchent d'un pas lent vers l'horizon lointain
Où l'étoile du soir annonce le matin !

* Membre inamovible du Sénat.

M. Auguste Fisch termine le banquet par la lecture des vers qui suivent.

A notre cher directeur, M. Keller.

VIEUX SOUVENIRS

S'il est un jour heureux entre tous et béni,
C'est celui qui revoit l'absent, où l'enfant rentre
Au foyer paternel, où, retrouvant son centre,
Le cercle de famille est enfin réuni !

Oui, c'est bien aujourd'hui la *fête de famille,*
Car nous nous sentons tous *enfants de la maison*
En voyant remonter là-bas, à l'horizon,
Tout ce passé lointain qui nous sourit et brille.

Vous souvient-il du temps où, sous un poids fort lourd
De *bouquins* entassés, un gros dictionnaire
Sous le bras, nous suivions l'antique pépinière
Qui jadis embaumait notre vieux Luxembourg ?

En voyant déboucher notre bruyante bande,
Le marchand de marrons venait furtivement

Nous glisser dans la poche un sac chaud et fumant,
Article, s'il en fut jamais, de contrebande!

Vous souvient-il encor du beau morceau de pain
Que nous recevions tous alignés en bataille?
Nous y faisions le soir une terrible entaille,
Quand, l'estomac creusé, nous rentrions du bain.

Nous nous levions matin : cinq heures, c'était rude!
Quand la cloche sonnait, éveillés en sursaut,
Nous prolongions un peu notre somme, et d'un saut
Nous élancions gaiement dans la salle d'étude.

Car nous étions alors de fort méchants garçons,
Jouant parfois aux *pions* les tours les plus pendables,
Cachant des hannetons, des souris sous nos tables,
Un vrai tas de bandits et d'affreux polissons.

Et quel beau jour aussi que celui de la *fête!*
Bois de Montmorency, je vous revois encor
Encadrant d'un champêtre et magique décor
Nos ânes, qui souvent avaient mauvaise tête.

Puis, quand le soir venait, dans quelque coin perdu
Du jardin tout rempli de lampions, en cachette
Nous savourions dans l'ombre un bout de cigarette,
Hélas! d'autant meilleur qu'il était défendu.

Il est d'autres méfaits que nous pourrions peut-être,
En nous voilant la face, avouer aujourd'hui.
Mais le jour de clémence et d'amnistie a lui,
Et nous ne craignons plus votre courroux, ô maître!

Vous fûtes notre *maître* et notre *père* aussi,
Et c'est pourquoi je viens, moi votre ancien élève,
Saluant ces beaux jours entrevus dans un rêve,
Vous dire au nom de tous, du fond du cœur : Merci.

Merci, car, précédant nos pas dans la carrière,
Vous fûtes notre guide au chemin du devoir,
Et par vos bons conseils nous fîtes entrevoir
Ce ciel où tout est joie, amour, paix et lumière !

Pourquoi faut-il, hélas ! que déjà, que si tôt,
Cette *famille* soit de nouveau dispersée ?
Mais un espoir nous reste ; une douce pensée
Vient consoler nos cœurs, c'est le revoir là-haut !

Cher maître, qu'en ce jour votre front rajeunisse ;
Oui, puissiez-vous toujours serrer dans votre main
Ce drapeau, qui sera la couronne demain...
Que Dieu jusqu'à la fin, vous garde et vous bénisse !

*
* *

Au bruit des derniers applaudissements, on se lève de table et l'on passe dans la pièce voisine, où une nouvelle surprise attend M. Keller. — Sur un élégant piédestal, entouré de fleurs et de plantes vertes, est posée une réduction en bronze (le n° 1 de Barbedienne) de l'admirable *Jeanne d'Arc*, de Chapu.

Sur le socle sont gravés ces mots :

A JEAN-JACQUES KELLER

SES ANCIENS ÉLÈVES

1834-1884

M. A. André, au nom de tous ses camarades, prie M. Keller de vouloir bien accepter ce souvenir.

— « Que voulez-vous que je vous dise, à présent ? » répond notre vénéré maître, avec une joie émue plus éloquente qu'un discours.

Tandis que l'on prend le café, M. Jacob Keller demande à M. Théodore Monod de réciter les vers qu'il fit en 1871, au nom des camarades absents (qui n'en surent jamais rien), pour la fête de son père.

C'était quelques semaines après la Commune. Il n'y avait pas un élève dans la maison. Celle-ci conservait encore les traces des dégâts produits par l'explosion de la poudrière du Luxembourg.

Dans la soirée du 24 juillet, M. Théodore Monod alla faire visite à M. Keller, qu'il trouva seul avec sa famille, et auquel il donna lecture des vers en question.

LE 24 JUILLET 1871

A MONSIEUR KELLER

« *Le vingt-quatre juillet…* » Sans me creuser la tête,
Je reconnais fort bien cette date, et je vois
Les écoliers joyeux célébrant votre fête
    D'un cœur et d'une voix.

Ah! c'était un beau jour! — Au retour du collège,
Nous montions tous ensemble à votre cabinet,
Et l'aspect imprévu d'un si nombreux cortège
  Toujours vous étonnait.

Un de nos vétérans, se détachant du groupe,
Déployait un papier, et tout timidement
Vous débitait, au nom de notre jeune troupe,
  Son petit compliment.

D'ordinaire il avait, pour embellir la chose
(J'en sais un qui n'est pas guéri de ce travers),
Non sans peine ajusté des rimes à sa prose,
  Ce qui faisait des vers.

Étendant le bras droit par un geste assez gauche,
Il montrait, sur la table, une coupe, un flambeau,
Un bronze figurant quelque preux qui chevauche,
  Un sucrier très beau...

Alors on souriait en vous voyant sourire,
Et Madame Keller nous souriait aussi;
Puis c'était votre tour de parler, et de dire :
  « Mes chers enfants, merci! »

Et nous nous envolions, n'ayant plus d'autre office
Que de jouir en plein du programme obligé :
Illumination, banquet, feu d'artifice,
  Et l'espoir d'un congé.

Des messieurs à l'air gai, satisfait, bénévole,
Péroraient d'un ton grave : « O vous, nos successeurs!

Croyez-nous : l'âge d'or ici-bas, c'est l'école...»
(Ils étaient si farceurs!..)

*
* *

Mais cette année, hélas! juillet ne vous ramène
Point de douce allégresse et de propos plaisants,
Point d'élèves, — l'étrange et triste phénomène! —
    Ni passés, ni présents.

Pas un vers, — pas un mot qui dise qu'on vous aime, —
Pas un chant : — calme plat, silence universel; —
Pas un seul pot de fleurs, — et, pour cadeau, pas même
    Une cuiller à sel!

Pas un soleil d'un sou, pas une humble fusée,
Pas un pauvre pétard pour faire un peu de bruit!
De bosquets en bosquets, de croisée en croisée
    L'œil se perd dans la nuit :

Où naguère jouaient les clartés et les ombres
Sous les frêles flambeaux par la brise bercés,
A peine l'on distingue un amas de décombres
    Et des carreaux cassés.

*
* *

Voilà pourquoi, forçant peut-être la consigne,
Sans invitation je suis venu vous voir;
Même c'est à mes yeux un privilège insigne
    D'être avec vous ce soir;

Car, malgré les rigueurs d'une longue infortune,
Malgré tous nos revers dont Bismarck s'applaudit,
Malgré le fer, le feu, les Prussiens, la Commune,
    Il ne sera pas dit

Que ce jour a passé comme passent les rêves,
Sans porter jusqu'à vous, retentissant dans l'air,
Le cri que par ma voix poussent tous vos élèves :
    « ***Vive Monsieur Keller !*** »

Au moment où l'on allait se séparer, M. Albert Kaempfen propose qu'à tous les souvenirs joyeux ou mélancoliques du passé qui ont eu libre cours pendant cette soirée, les anciens élèves de M. Keller ajoutent leurs vœux pour la prospérité future de la vieille « Maison d'Éducation ». *(Applaudissements unanimes.)*

Institution Keller

LISTE DES ÉLÈVES

1834—1884

INSTITUTION KELLER

OUVERTURE EN OCTOBRE 1834

LISTE DES ÉLÈVES

Monod Jean,	Paris,	1834 à 36.
De Pressensé Edmond,	—	— à 38.
Hollard Jules,	—	— à 37.
Waddington William,	—	— à 40.
Sautter Louis,	—	— à 40.
Ricou Louis,	—	— à 38.
Stewart John,	Angleterre,	— à 35.
Stewart Mervyn,	—	— à 35.
Bartholdi Frédéric,	Paris,	— à 42.
Ricou Emmanuel,	—	— à 38.
Hersent Étienne,	—	1835 à 37.
Hersent William,	—	— à 37.
De Witt Conrad,	—	— à 38.
Nadau Alfred,	—	— à 42.
Martin Émile,	—	— à 37.
Carmichael James,	Angleterre,	— à 36.
Lecocq John,	Cherbourg,	— à 37.
Kaempfen Albert,	Paris,	— à 38.
Baird Robert,	États-Unis,	— à 36.
Murray James,	Écosse,	— à 38.
Calvet Louis,	Toulouse,	— à 36.
Lugardon Albert,	Paris,	— à 36.
Howell Russel,	Angleterre,	— à 37.
Howell David,	—	— à 37.
Audebez Ernest,	Paris,	— à 41.

Bellairs Edmond,	Angleterre,	1835 à 36.
Bellairs Léopold,	—	— à 36.
Nangel George,	—	— à 37.
Nangel Henry,	—	— à 37.
Delessert Adrien,	Havre,	— à 39.
Mathieu Lambert,	Paris,	1836 à 37.
Cushing James,	États-Unis,	— à 37.
André Alfred,	Paris,	— à 42.
Waddington Charles,	Indes Orientales,	— à 39.
Waddington Evelyn,	—	— à 39.
Minchin Charles,	Angleterre,	— à 38.
Rhodes Godfrey,	—	— à 37.
Kirsch Jean,	Suisse,	— à 37.
Sieber Charles,	—	— à 39.
Wanner Émile,	Havre,	— à 39.
Waddington Frank,	Paris,	— à 37.
Saglio Gustave,	Havre,	— à 39.
Saglio Edmond,	—	— à 39.
De Witt Cornélis,	Paris,	— à 37.
Lawrence,	Angleterre,	— à 37.
Grosrenaud Edmond,	Paris,	— à 37.
Coste Paul,	—	— à 38.
Allamand Théophile,	—	— à 37.
Gwynne Henry,	Angleterre,	1837
Steiger Edmond,	Suisse,	— à 39.
Ball Walter,	Londres,	—
Aucocq Léon,	Paris,	—
Aucocq Louis,	—	—
Ollive Alfred,	—	— à 41.
Savoie Édouard,	—	— à 44.
Lodder Henry,	Londres,	—
Joly Henri,	Épernay,	— à 49.
Vulliamy Édouard,	Nonancourt,	— à 45.
Castelnau Albert,	Montpellier,	— à 39.
Garnon Charles,	Sceaux,	— à 40.

CHANU Charles,	Paris,	1837 à 42.
JOLY Jules,	Épernay,	— à 40.
JOLY Alfred,	—	— à 40.
SEYDOUX Charles,	Paris,	— à 43.
FAREL Eugène,	Montpellier,	— à 39.
MASSON,	Paris,	— à 38.
THURNEYSSEN George,	—	— à 44.
ALPEN Eugène,	—	— à 49.
BRADE James,	Angleterre,	— à 39.
GRANGER Alfred,	Paris,	1838 à 44.
BIZOT Sosthène,	Châtillon-sur-Loire,	— à 40.
SAUTTER Henri,	Paris,	— à 42.
FER Pierre,	Havre,	— à 40.
CORDEIRO DA SILVA Émile	—	— à 39.
GRANDPIERRE Émile,	Paris,	— à 43.
DE MOLIN Émile,	Suisse,	— à 43.
CHARRON,	Marennes,	— à 40.
COINTET Helmouth,	Paris,	— à 40.
COINTET Éric,	—	— à 40.
MAISON Arthur,	—	— à 44.
AMY Philippe,	Havre,	— à 39.
BURRIDGE,	Angleterre,	1839.
LECARON Gurtave,	Paris,	— à 41.
MATHIEU Ernest,	—	— à 43.
BACOT Alfred,	Sedan,	—
VULLIAMY Justin,	Nonancourt,	— à 48.
ROUSSEL Adolphe,	Paris,	— à 40.
ROUSSEL Jules,	—	— à 40.
MAZARIN Édouard,	Marseille,	— à 40.
DE CHABAUD Édouard,	Paris,	— à 44.
MONNIER Édouard,	Nancy,	— à 44.
SARTORIS Jules,	Paris,	— à 41.
CARTHEW John,	Angleterre,	— à 41.
THURNEYSSEN Théodore,	Paris,	— à 48.
LOURDE Charles,	—	— à 40.

BARTHOLDI Amédée,	Paris,	1840 à 46.
JOLY Edmond,	Épernay,	— à 44.
FALCONNET Grenville,	Paris,	— à 42.
NAUDET Léon,	—	— à 45.
SOUHAM Henri,	—	— à 44.
RIOM Alphonse,	—	— à 42.
DE WALDNER César,	Mulhouse,	— à 42.
BOULOU Frédéric,	Montignac,	— à 41.
CUSHING James,	États-Unis,	— à 42.
FENNO Grafton,	—	— à 42.
GRINFELD Henri,	Paris,	1841 à 43.
DELESSERT Adrien,	Havre,	— à 43.
CHAPP William,	Angleterre,	
CHRISTIAN George,	Malte,	— à 42
SPENCER Champlin,	Angleterre,	—
OLIVA Gerardo,	Gênes,	—
DELÉRY Henri,	États-Unis,	— à 43.
WARNOD Arthur,	Niederbronn,	— à 43.
DE VATRY Edgar,	Paris,	— à 44.
GIROD Gustave,	—	— à 43.
WINCHESTER William,	Angleterre,	— à 42.
FITZ-ROY Algernon,	—	— à 44.
ROUSSELIER Jean,	Nîmes,	— à 42.
MIÉVILLE Amédée,	Londres,	1842 à 43.
MELLIER Amédée,	—	— à 43.
VISCONTI,	Paris,	
SAINTE-MARIE Gustave,	—	
PETROZ Antoine,	—	— à 43.
EDLIN Henri,	Angleterre,	—
HOLLARD Théodore,	Paris,	— à 48.
MONNIER Marc,	Naples,	— à 44.
LAMOUROUX Léopold,	Paris,	— à 44.
DE HEGNER Edmond,	Winterthur,	— à 44.
ETIENNE Charles,	Paris,	— à 46.
MATTER Oscar,	Strasbourg,	— à 44.

Lauzun Edmond,	Agen,	1843 à 45.
Fries Albert,	Paris,	— à 44.
Binger Edmond,	Nancy,	— à 44.
Bonnaud Émile,	Paris,	— à 44.
Peltzer Henri,	—	— à 49.
Hankey Frank,	Londres,	— à 45.
Hermite Léon,	Nancy,	— à 44.
Viennot Stanislas,	Naples,	— à 45.
Cullen Thomas,	Nottingham,	— à 45.
Cullen Edward,	—	— à 45.
Covey Richard,	Paris,	— à 45.
Möller Ernest,	—	— à 44.
Hankey William,	Londres,	— à 45.
Delorme Alfred,	Paris,	1844 à 46.
Roussel Adolphe,	—	— à 48.
Roussel Jules,	—	— à 48.
Cunliffe Henry,	Londres,	— à 45.
Sautter Gustave,	Paris,	— à 48.
Lennox Sussex,	Angleterre,	—
Lennox Charles,	—	—
Tolcher Jean,	—	— à 45.
Tolcher Cristophe,	—	—
Stacpoole William,	Irlande,	— à 45.
Etienne Félix,	Paris,	— à 46.
De Valcourt Théophile,	—	— à 47.
D'Allens Gustave,	Havre,	— à 48.
Brooke James,	Angleterre,	— à 46.
Monod Gustave,	Paris,	1845 à 47.
Monod Théodore,	—	— à 54.
Chipron Charles,	—	— à 48.
Chipron Henri,	—	— à 48.
Deleau Léon,	—	— à 49.
Aeschlimann Henri,	—	— à 47.
De la More Arthur,	—	— à 46.
Cambray Elzéard,	—	— à 46.

GILL Thomas,	Angleterre,	1845
VULLIAMY Théodore,	Nonancourt,	— à 49
BUTTINI Eugène,	Genève,	—
TWENT Charles,	Tours,	— à 46.
TWENT Eugène,	—	— à 46.
St CLAIR Archibald,	Écosse,	— à 46.
SLATER John,	Londres,	— à 47.
CAMBON Gustave,	Marennes,	— à 46.
RICOU Jules,	Paris,	— à 48.
RICOU Charles,	—	— à 48.
STACPOOLE Richard,	Irlande,	— à 46.
STACPOOLE George,	—	— à 46.
CURTIS Benjamin,	États-Unis,	— à 47.
DE MONBRISON George,	Auvillar (Tarn-et-G.)	— à 46.
MELLO John,	Angleterre,	1846 à 48.
BURNIER Victor,	Morges,	— à 53.
BABUT Charles,	Paris,	— à 51.
WADDINGTON Richard,	Rouen,	— à 48.
OLLIVIER Henri,	Nîmes,	— à 48.
LECARLIER Philbert,	Laon,	— à 51.
VALLOUY Paul,	Lausanne,	— à 47.
VALLOUY Eugène,	—	— à 51.
LILLINGSTONE Charles,	Angleterre,	— à 47.
LYONS Clinton,	—	—
LECARLIER Fernand,	Laon,	— à 50.
BAILEY Thomas,	Londres,	— à 48.
SHAW John,	Angleterre,	— à 48.
SHAW Henry,	—	— à 48.
DOWDEN Henry,	Londres,	— à 47.
MOREL Edmond,	Paris,	— à 48.
BOISSIER,	Nîmes,	1847
D'ALLENS Albert,	Havre,	— à 52.
NOEL Ernest,	Londres,	— à 48.
WEST John,	Angleterre,	— à 48.
DAUBRÉE Emmanuel,	Paris,	— à 48.

ADCOCK Alexander,	Angleterre,	1847 à 48.
Mc ANDREW William,	Londres,	— à 48.
SPILSBURY,	Lille,	— à 48.
HARDY,	Guernesey,	— à 48.
HOLLARD Roger,	Paris,	— à 48.
ARBOUIN Ernest,	Cognac,	— à 48.
TWEMLOW Hamilton,	Angleterre,	— à 48.
ROBBINS,	—	— à 48.
KOCH Frédéric,	Havre,	— à 50.
FORSYTH Joseph,	Québec,	— à 48.
DE CHABAUD Arthur,	Paris,	1848
HIBBERT	Angleterre,	—
SCHOFIELD,	—	—
HANKEY John,	Londres,	—
WARDEN Frank,	États-Unis,	— à 50.
WARDEN William,	—	— à 50.
VERNES Adolphe,	Paris,	— à 51.
VERNES Jules,	—	— à 50.
MONOD Francis,	—	— à 50.
HOVEY Charles,	Angleterre,	— à 49.
HOUSSET Eugène,	Paris,	1849 à 52.
Mc LACHLAN Charles,	Angleterre,	—
DOWDON Édouard,	Londres,	—
VILLIBOURG Francis,	Paris,	— à 53.
CAMPBELL James,	Écosse,	— à 50.
CAMPBELL Hugh,	—	— à 50.
TARTEIRON Albert,	Bordeaux,	— à 52.
FAURE Émile,	Avignon,	— à 54.
DUCHEMIN Paul,	Orléans,	— à 52.
BASSET Adolphe,	Achères,	— à 50.
BASSET Henri,	—	— à 50.
DUCHEMIN Adolphe,	Orléans,	1850 à 51.
WHITEHEAD John,	Angleterre,	— à 51.
HANKEY Charles,	Londres,	—
MORTIMORE Foster,	—	— à 52.

EDWARDS James,	Londres,	1850.
CAVE Richard,	Irlande,	— à 51.
CAVE Gladwin,	—	— à 51.
HOLDEN Angus,	Angleterre,	—
HOLDEN Edward,	—	—
JOURDAIN Frédéric,	Londres,	— à 51.
JOURDAIN Henry,	—	— à 51.
JOURDAIN Eugène,	—	— à 51.
STONE Charles,	États-Unis,	—
PETIT Néhémie,	Orléans,	— à 54.
BURNIER Samuel,	Lausanne,	— à 54.
BOIGEOL Fernand,	Giromagny,	— à 55.
KING Charles,	États-Unis,	— à 51.
St CLAIR James,	Écosse,	— à 52.
PARNELL Hayes,	Irlande,	— à 51.
LAMB Edward,	Boston,	— à 52.
MURDOCK,	Dublin,	1851.
RYAN,	Angleterre,	— à 52.
GODFRAY William,	Jersey,	— à 52.
ARBUTHNOT Robert,	Écosse,	— à 53.
VANDERBILT George,	New-York,	—
IVANS Alfred,	Angleterre,	— à 52.
MERCIER Adrien,	Lausanne,	— à 52.
TAYLOR John,	Angleterre,	— à 52.
HITCHCOCK John,	—	— à 52.
FORSYTH Grant,	Écosse,	—
IVANS Walter,	Lutterworth,	— à 52.
VILLARET Jean-Jacques,	Bordeaux,	— à 53.
SLATER Walter,	Londres,	— à 52.
LEBAILLY Francis,	Jersey,	— à 54.
ZIPPERLEN Adolphe,	Mâcon,	— à 52.
BIAUDET Abel,	Suisse,	— à 58.
BIAUDET Charles,	—	— à 58.
PARKINSON John,	Bradford,	— à 52.
SABATIER Élie,	Orléans,	— à 55.

JAMES Kenneth.	Londres,	1851 à 52.
CROLL Jean,	Châtillon-sur-Loire,	— à 56.
CROLL Henri,	—	— à 58.
CROLL George,	—	— à 56.
FORTET Dioclès,	—	— à 59.
LECOUTEUR Jean,	Jersey,	— à 54.
DUCLOUX Alfred,	Lausanne,	— à 53.
GODFRAY Henry,	Jersey,	—
SKINNER John,	Londres,	— à 52.
HUNTER Thomas,	Édimbourg,	— à 53.
RAIT Arthur,	Écosse,	— à 53.
MONOD Henri,	Paris,	— à 60.
DE BOYVE Édouard,	—	— à 52.
WOODRUFF Shelden,	États-Unis,	1852.
NICOD Louis,	Lyon,	— à 53.
HOLLARD Roger,	Paris,	— à 55.
JACOT Franz,	—	—
PLATT Henry,	Londres,	—
STONE Robert,	New-York,	— à 53.
BURN Henry,	Londres,	— à 53
LOBB Sydney,	—	— à 53.
NEEL Élie,	Jersey,	— à 54.
DE FERNEX Adrien,	Paris,	— à 53.
ROMAN Camille,	Avignon,	— à 54.
CROOKENDEN Salisbury,	Cheltenham,	— à 57.
CROOKENDEN Henry,	—	— à 57.
DE VILLEMOR Henri,	Castelmoron-s.-Lot,	— à 57.
DE POURTALÈS Arthur,	Paris,	— à 54.
WEST Philip,	Saint-Germain,	1853 à 58.
LOCKHART George,	Écosse,	—
GILES William,	Angleterre,	—
DE WATTEVILLE Albert,	Berne,	— à 54.
CHAPMAN Joseph,	Londres,	— à 55.
HOFFMAN George,	États-Unis,	— à 54.
HOFFMAN Henry,	—	— à 54.

Cuenod Gustave	Épenex,	1853 à 57.
Faure Albert,	Bordeaux,	— à 56.
Ducellier Victor,	Arras,	—
Roman Philippe,	Wesserling,	— à 56.
Aston George,	Londres,	— à 55.
Audebez Léopold,	Paris,	— à 59.
Audebez Edmond,	—	— à 54.
Thorne Thomas,	Leamington,	— à 55.
Andrew,	Londres,	— à 54.
Lebailly Louis,	Jersey,	— à 55.
De Rovoréa Ernest,	Bex,	— à 57.
Slater Henry,	Londres,	— à 54.
Monod Léopold,	Paris,	— à 62.
Tiffany Louis,	New-York,	— à 54.
West George,	Angleterre,	1854 à 55.
Leforestier George,	Havre,	—
Hargreaves John,	Angleterre,	— à 55.
Wickham George,	New-York,	— à 55.
Payton Joseph,	Warwick,	— à 55.
Mason George,	Angleterre,	—
Dowden Henry,	Londres,	—
Lebas Philippe,	Caen,	—
Christian William,	Angleterre,	— à 56.
Dowden Charles,	—	—
Mills Albert,	Seine-Port,	— à 61.
Valentine William,	Angleterre,	— à 55.
Robertson George,	—	—
Jourdain Albert,	Londres,	— à 56.
Liausun Charles.	Cossonay,	— à 55.
Gregory John,	Londres,	— à 55.
Barclay Ernest,	—	— à 55.
Rondeau Daniel,	Cognac,	— à 61.
Bouraud Marc,	—	— à 55.
Errington Alfred,	Londres,	— à 55.
Roulet Auguste,	Marseille,	— à 57.

BROOKES Robert,	Londres,	1854 à 55.
KRUG Paul,	Reims,	— à 57.
SOUTHEY Arthur,	Londres,	1855.
RICHARDS Bazil,	—	—
BROWN Robert,	Angleterre,	—
DOBLER Edmond,	Lyon,	—
CUNNINGHAM William,	Liverpool,	— à 56.
CUENOD William,	Vevey,	— à 59.
CUENOD Frédéric,	—	— à 62.
FISCH Auguste,	—	— à 60.
MARRAULD Samuel,	Rennes,	— à 60.
COUVE Henri,	Marseille,	— à 57.
THORNE Richard,	Leamington,	— à 57.
DUROT Carlos,	Massevaux,	— à 56.
HUGENTOBLER Henri,	Paris,	— à 58.
BRONSON Willet,	New-York,	— à 56.
BRONSON Robert,	—	— à 56.
EDGELL Edmond,	Londres,	— à 58.
ELLIOT Erskine,	Angleterre,	— à 57.
ELLIOT Frédéric,	—	— à 57.
ECCLES James,	Édimbourg,	— à 56.
BROOKES,	Angleterre,	1856.
LEES Henry,	Oldham,	—
LEES Charles,	—	—
MAJOU Louis,	Craon,	—
PETHICK Henry,	Bristol,	— à 57.
MAUGHAN John,	Leamington,	— à 57.
GRANT William,	Londres,	— à 57.
HILL Hamilton,	—	— à 57.
SUTHERS Spencer,	Oldham,	—
STAPFER Daniel,	Marseille,	— à 61.
NEWELL Henry,	Londres,	— à 57.
NEWELL Edward,	—	— à 57.
COCHRAN Alexander,	Écosse,	—
WEBB,	Angleterre,	—

— 58 —

RUDOLPHI Frédéric,	Paris,	1856 à 59.
MERKHEIM,	—	—
EDGELL Henry,	Londres,	— à 58.
SPICER Edward,	—	— à 57.
ROBERT Gustave,	Marseille,	— à 61.
KILLICK,	Angleterre,	— à 57.
LAUGIER Paul,	Paris,	— à 59.
Mc CORD Turquand,	Angleterre,	—
ESPÉRANDIEU Gustave,	Lausanne,	— à 61.
RANSFORD Robert,	Londres,	— à 57.
TOD,	Glasgow,	— à 57.
CRAWFORD,	Rathowen,	— à 57.
GILES,	Angleterre,	—
MARTIN Ferdinand,	Ile de Ré,	— à 57.
STALLARD John,	Leicester,	—
THORNE Bezly,	Leamington,	— à 58.
KELLER Edward,	Zurich,	— à 59.
KELLER Charles,	—	— à 59.
HUGENTOBLER Charles,	Paris,	1857.
MORSE Edward,	Londres,	—
HALL Newman,	Rochester,	—
NEWBY William,	Angleterre,	—
MIDDLEMORE,	Birmingham,	—
LUSCOMBE Popham,	Dublin,	— à 58.
PRETTO,	Angleterre,	— à 58.
THIERRY Alfred,	Mulhouse,	— à 58.
PLOETZ Richard,	Berlin,	— à 58.
EDGELL Alfred,	Londres,	1858.
TANNER Kirns,	Cork,	—
PASCOE Alleyne,	Londres,	—
THEED William,	—	—
WALLACE Robert,	—	—
WALLACE Henry,	—	—
CHAMBERS Frédéric,	Birmingham,	—
KRUG Paul,	Châlons-sur-Marne,	— à 60.

RUCHET Louis,	Paris,	1858 à 63.
RUCHET Charles,	—.	— à 65.
WIENRICH Ferdinand,	—	— à 63.
TULLOCH Hugh,	Londres,	— à 59.
MOLLARD Eugène,	Paris,	— à 60.
NEWELL Henry,	Londres,	— à 62.
NEWELL Edward,	—	— à 62.
VALLENTINE Alfred,	Angleterre,	— à 59.
MILFORD George,	—	— à 59.
DENNISTOUN Richard,	—	— à 60.
COPLAND William,	—	— à 60.
GRUNER Edouard,	Paris,	— à 59.
EMMET Edward,	États-Unis,	1859 à 60.
EMMET Walter,	—	— à 62.
EMMET Bache,	—	— à 60.
EMMET Henry,	—	— à 62.
ANDRÉ George,	Paris,	— à 61.
DE GRUCHY Philip,	Jersey,	— à 60.
LEE James,	Baltimore,	— à 60.
ALLEN,	Londres,	— à 60.
THIERRY Henri,	Mulhouse,	— à 61.
COUDEREAU Gabriel,	Paris,	— à 62.
RONDEAU Pierre,	Cognac,	— à 66.
MONOD Albert,	Paris,	— à 62.
MONOD Émile,	—	— à 63.
EMMET Charles,	États-Unis,	— à 60.
MORGAN,	Londres,	— à 60.
THORNE Frédéric,	Leamington,	— à 61.
STONE Graham,	Rochester,	— à 60.
BLAND,	Dublin,	— à 60.
CASE Edwin,	Paris,	— à 63.
MONRAD Jean,	Copenhague,	1860.
COLLISSON Henry,	Londres,	—
SMITH Allen,	—	—
ZUNDEL Émile,	Mulhouse,	— à 61.

ROBERTS Edgar,	Angleterre,	1860 à 61.
ROBERTS Frank,	—	— à 61.
ADAMS Alfred,	—	— à 61.
PRICE Edward,	Québec,	— à 61.
DE CASTRO Francisco,	Rio Grande,	— à 61.
FOOTE Henry,	Angleterre,	—
O'DRISCOLL,	Dublin,	—
BRUNET Jules,	Rouen,	— à 62.
WEST CHARLES,	Saint-Germain,	— à 63.
CAREY John,	Guernesey,	— à 62.
LIOT Malcolm,	Fort de France (Martinique),	— à 62.
PARIS Samuel,	Saint-Quentin (Gironde),	— à 62.
BOISSIER Gaston,	Nîmes,	— à 66.
BOISSIER Émile,	—	— à 66.
GORDON Douglas,	Londres,	— à 61.
BOY DE LA TOUR Fernand,	Paris,	1861.
COCHRAN Hugh,	Écosse,	—
FIELDER Louis,	Brentwood,	—
MASSON Émile,	Harrow,	— à 62.
FOX Edward,	Dublin,	—
WITZ Rodolphe,	Waldbach,	— à 62.
FOSTER Arthur,	Londres,	—
COLE Henry,	Boulogne-sur-Mer,	— à 63.
TRUFY Charles,	Paris,	— à 63.
LIOT Edwin,	Martinique,	— à 63.
DE NEUFLIZE Jean,	Paris,	— à 68.
DE CABROL Philippe,	—	— à 69.
FORSYTH William,	Angleterre,	— à 62.
JAURÉGUIBERRY Alfred,	Nîmes,	— à 63.
GARDNER Robert,	Palerme,	— à 62.
BAYLEY George,	Manchester,	— à 62.
TANNER Charles,	Cork,	— à 63.
TANNER Lombard,	—	— à 63.

WIENRICH Jules,	Paris,	1861 à 65.
DERVAL Max,	Versailles,	1862 a 69.
DERVAL Eugène,	Argagnon,	— à 73.
BOMPAS Mason,	Bristol,	—
BELL,	Uttoxeter,	—
MONEY Evelyn,	Angleterre,	—
STEVENS George,	Brixton,	—
STEVENS William,	—	—
MASON James,	Londres,	—
PIGEARD Maurice,	Paris,	—
Mc KAY DONALD,	East-Boston,	— à 63.
ROBINSON Arthur,	Londres,	— à 64.
MORSE Howard,	États-Unis,	— à 64.
TINKER Henry,	Londres,	— à 64.
Mc CLURE Robert,	Manchester,	— à 63.
DE LAMARE Charles,	Gisors,	— à 63.
ECK Néhémie,	Paris,	— à 64.
ADAMS Francis,	Cork,	— à 64.
GREY Franck,	Carlisle,	— à 63.
FORSYTH William,	Albany,	— à 63.
TORRANCE Alfred,	New-York,	— à 65.
FOUIGNET Gabriel,	Gensac,	— à 63.
LEPOIDS Samuel,	Chauny,	— à 63.
SHARPUS Douglas,	Londres,	1863 à 64.
SHARPUS William,	—	— à 64.
SHARPUS Edward,	—	— à 64.
BRANSON Walter,	Birmingham,	— à 65.
GRENIER Isaac,	Vincennes,	— à 64.
LEMONNIER Alfred,	Rouen,	— à 67.
HARTMANN Albert,	Munster,	— à 68.
MORICE George,	Londres,	— à 64.
STEPHENSON,	Worthing,	— à 64.
GRENIER Élie,	Tournus,	— à 65.
GRENIER Paul,	Vincennes,	— à 66.
HORE Gilbert,	Angleterre,	— à 65.

Hore Henry,	Angleterre,	1863 à 65.
Franklin,	Coventry,	— à 64.
De Pressensé Victor.	Paris,	— à 66.
De Pressensé Francis.	—	— à 66.
Mc Kenzie William,	Angleterre,	— à 64.
Austin John,	Birmingham,	— à 64.
Elliot Mason,	Southampton,	— à 64.
Scheuer Maximilien,	Dusseldorf,	1864 à 65.
Tasker Henry,	Andover,	—
Theremin Gaston,	Mehun,	— à 68.
Theremin Raoul,	—	— à 70.
Burls,	Londres,	—
Adam Charles,	Angleterre,	—
Murray Edward,	Dublin,	—
Watson William,	Londres,	— à 65.
Watson Robert,	—	— à 65.
Constant Émilien,	Nîmes,	— à 66.
Stiffler Emile,	Caen,	— à 65.
Innès Nubar,	Alexandrie (Égypte),	— à 69.
Liot Edwin,	Martinique,	— à 68.
Robin Armand,	Cognac,	— à 72.
Arbouin Sidney,	—	— à 67.
Ransford John,	Londres,	1865
Chauvet Victor,	Ile Maurice,	— à 70.
Murray James,	Ottawa (Illinois),	— à 66.
Goguel Albert,	Paris,	— à 68.
King Charles,	New-Jersey,	— à 68.
Exchaquet Théodore,	Saint-Saphorin, (Vaud),	— à 68.
De Berkheim Christian,	Paris,	— à 68.
Carpmael Edward.	Streatham,	— à 66.
Woollatt George,	Londres,	— à 66.
Desgraz Maurice,	Toulon,	— à 70.
Milsom Charles,	Lyon,	— à 69.
Milsom William,	—	— à 69.

Wurts John,	Pensylvanie,	1865 à 66.
Wurts Rudolf,	—	— à 66.
De Neufville Henri,	Paris,	1866
Beaumont Edward,	Oxford,	—
Beaumont William,	—	—
Mortimer Frédéric,	Londres,	— à 67.
Norcott Walter,	Cork,	—
Graves James,	—	—
Wilkinson Albert,	Alexandrie,	—
Boswall Thomas,	Ecosse,	—
Moore Lewis,	Hudson,	— à 67.
Blomberg Victor,	Suède,	—
Ploetz Gustave,	Lubeck,	— à 69.
Howard William,	Chicago,	— à 67.
Monod Eugène,	Marseille,	— à 69.
Monod Frédéric,	—	— à 69.
Muston Paul,	Beaucourt,	— à 68.
Cubison,	Londres,	— à 67.
Nisbet Edward,	—	— à 67.
Pendleton Gaylord,	Cincinnati,	— à 68.
Bowler Robert,	—	— à 68.
Pendleton Elliott,	—	— à 68.
Spencer Charles,	Angleterre,	1867.
Valensin George,	Livourne,	— à 68.
Kenyon Frédéric,	New-York,	—
Dandridge Alexander,	Cincinnati,	— à 68.
Morse Howard,	États-Unis,	—
Nicol,	Londres,	— à 68.
Dez Albert,	Paris,	— à 72.
Dexter Orando,	New-York,	— à 68.
Schenck Nathanael,	—	— à 68.
Schenck Spotswood,	—	— à 68.
Tanzer Adam,	Sangerberg, (Bohême),	— à 68.
Cuenod Edouard,	Epenex,	— à 69.

Seed Cooper,	Leicester,	1867 à 68.
Biddle Thomas,	Philadelphie,	— à 68.
Dez Benjamin,	Paris,	— à 72.
Robertson Charles,	Ecosse,	— à 72.
Midderigh Louis,	Paris,	— à 70.
Jubé Alphonse,	—	—
Raveau Charles,	—	— à 69.
Sautter Fernand,	—	1868 à 69.
Ransford William,	Londres,	—
Silhol Louis,	Saint-Ambroix,	— à 69.
Staniland Meaburn,	Spilsby,	— à 69.
Keller Fritz,	Zurich,	— à 69.
Bacot André,	Sedan,	— à 69.
Gaod Howard,	Avranches,	— à 69.
Goguel Jules,	Paris,	— à 70.
Silhol Alban,	Saint-Ambroix,	— à 69.
Milsom Gustave,	Lyon,	— à 70.
Delhorbe Clément,	Ste-Foy (Gironde),	— à 70.
Delhorbe Louis,	Sainte-Foy,	— à 70.
White Frank,	New-York,	— à 69.
Cuenod John,	Vevey,	— à 73.
Kuntzel Henri,	Saint-Quentin,	— à 70.
Tucker George,	États-Unis,	— à 69.
Tucker William,	—	— à 69.
Coutanche John,	Jersey,	—
Read Thomas,	New-York,	— à 69.
Hamilton Thomas,	Irlande,	— à 69.
Labarussias Antoine,	Paris,	— à 72.
Paquin Max,	—	1869 à 70.
De Veer Hamilton,	Irlande,	— à 70.
Nyegaard Ernest,	Saint-Quentin,	— à 72.
Lee John,	États-Unis,	— à 73.
Bruen Alexander,	—	—
Berry Walter,	—	—
Pendleton Elliot,	Cincinnati,	— à 70.

PENDLETON Nathanael,	Cincinnati,	1869 à 70.
PENDLETON Gaylord,	—	— à 70.
GOLDSMITH Ferdinand,	Paris,	— à 70.
MILSOM George,	Lyon,	— à 70.
PARKER James,	U. S.,	— à 70.
PARKER Charles,	—	— à 70.
COLIN Ernest,	Paris,	— à 70.
SMITH Charles,	Angleterre,	— à 70.
SMITH Walter,	—	— à 70.
BOURCART Jean-Jacques,	Guebwiller,	— à 70.
BOURCART Jules,	—	— à 70.
VIGNAL Paul,	Paris,	— à 74.
POUILLY Edmond,	—	— à 70.
WILLIAMS Edward,	Melbourne,	1870.
BREWSTER William,	Boston,	—
TOWNSEND Howard,	New-York,	—
DE AGÜERO Paul,	Paris,	—
PILATTE Léon,	Nice,	—
JOSEPH Paul,	Rixheim (Alsace),	1871 à 75.
DE CLERVAUX Louis,	Saintes,	— à 75.
MONOD Paul,	Paris,	— à 72.
GOLLNISCH Frédéric,	Sedan,	— à 76.
DE BREVANS,	Paris,	— à 75.
BECKER Charles,	—	— à 76.
LABARRE Emmanuel,	—	—
DUWICQUET Émile,	—	— à 76.
FRAISSINET Max,	Marseille,	— à 73.
VAN SCHAIK Henri,	New-York,	— à 72.
VAN SCHAIK Georges,	—	— à 72.
FLOBERT Eugène,	Lausanne,	1872.
CORY,	Cardiff (Wales),	—
CAMPBELL,	Cardiff,	—
GSELL Laurent,	Paris,	— à 75.
BACOT Paul,	Sedan,	— à 74.
HOCHSTRASSER Charles,	Zurich,	— à 73.

LACKERBAUER René,	Paris,	1872 à 73.
THIERRY-MIEG Maxime,	—	— à 76.
DAVAINE Alfred,	St-Amand (Nord),	— à 77.
GOLDSMITH Roger,	Paris,	— à 74.
GOLDSMITH Noël,	—	— à 73.
BAZIN Albert,	Marseille,	— à 73.
DE JARNAC Adrien,	Paris,	— à 74.
PARRIZOT Georges,	—	— à 75.
PARRIZOT Charles,	—	— à 75.
PAYSAN Hippolyte,	—	— à 73.
FEER Raoul,	—	— à 80.
GOLDSMITH Ferdinand,	—	1873.
VATCHER Charles,	Jersey,	—
FRAISSINET Adolphe,	Marseille,	— à 79.
CHOISNET Aristide,	Paris,	— à 74.
KENYON Frédéric.	États-Unis,	—
POULOT Auguste,	Paris,	— à 75.
PONSOLLE Remy,	—	— à 75.
BEDOURET Amédée,	—	— à 74.
POULOT Alfred,	—	— à 75.
SCHOEN Camille,	Mulhouse,	— à 75.
BERSIER Henri,	Paris,	— à 74.
SAHLER Édouard,	Montbéliard,	— à 74.
MONNIER Jean,	Saint-Quentin,	— à 74.
LEBRAT Paul,	Paris,	— à 76.
BROUN John,	Trevandrum,	— à 74.
BROUN Alfred,	—	— à 74.
GREGORY Charles,	Londres,	—
KOLB Ernest,	Paris,	— à 74.
HERRENSCHMIDT Rodolphe	Strasbourg,	— à 75.
VIDAL Eugène,	Mazamet,	— à 76.
JURY Édward,	Dublin,	— à 74.
OLLIER Lucien,	Paris,	— à 76.
MATTER Paul,	—	— à 74.
COQUET Léon,	—	— à 75.

FERRIDAY Henry,	États-Unis,	1873 à 74.
COQUET Bernard,	Paris,	— à 75.
TURIGNY Abel,	—	— à 76.
FLAMENT Charles,	—	— à 76.
GAUDRON Victor,	—	1874 à 75.
BIRKIN Thomas,	Nottingham,	—
SPIRO Thomas,	Londres,	—
KELLER Eddie,	Saint-Louis,	— à 80.
RHETT Charles,	Angleterre,	—
OAKES Edward,	Tunbridge-Wells,	— à 75.
WENZ Émile,	Reims,	— à 80.
WENZ Frédéric,	—	— à 84
Mc MORLAND,	Londres,	— à 75.
CHRISTIANSEN Charles,	Paris,	— à 77.
DEBOURG Georges,	Marseille,	— à 75.
HAY Henry,	Angleterre,	— à 75.
MEREDITH Frédéric,	Québec,	— à 75.
BAUDOIRE Charles,	Paris,	— à 75.
GSELL Stéphane,	—	— à 79.
ROUTIER Georges,	—	— à 75.
VIARD Paul,	—	— à 75.
THIBAULT Amand,	—	— à 77.
CASTETS Maurice,	—	— à 79.
CROSNIER Georges,	—	— à 75.
BRIGOT Émile,	—	— à 82.
DUFF John,	Inverness (Ecosse),	1875 à 76.
LAWES Frédéric,	Sindlesham,	— à 76.
CHATENAY Henri,	Passy,	— à 76.
HEARD Sidney,	Newport,	— à 77.
WALTER André,	Paris,	— à 76.
LEE BURRIDGE,	Angleterre,	— à 76.
VIALLET Gustave,	Paris,	— à 78.
DEREINS,	—	— à 76.
POITEVIN Auguste,	—	— à 81.
ULRICH Armand,	—	— à 76.

Hotelin Alexis,	Paris,	1875 à 79.
Thevenet Émile,	—	— à 76.
Crooke Alfred,	Angleterre,	— à 76.
Ambresin Émile,	Paris,	— prés. en 84.
Virtue Herbert,	Londres,	1876 à 77.
Keck Paul,	Mabouléla,	— à 77.
Ellenberger Félix,	Bethesda,	—
Ellenberger Alfred,	Bethesda,	— à 82.
Ellenberger Edmond,	Massitissi,	— prés. en 84.
Delangle Jean,	Paris,	— à 78.
Cuenod Julien,	Epenex,	— à 78.
Peterson Axel,	Paris,	— à 80.
Dallas James,	Édimbourg,	— à 77.
Longuet Ernest,	Jory-le-Temple (Oise),	— à 77.
Dollfus Daniel,	Paris,	— à 77.
Bosworth Willie,	San Francisco,	— à 77.
Maitin Alphonse,	Bérée,	— à 77.
Castan Henri,	Paris,	— à 77.
Papin Eugène,	—	— à 77.
Mellerio,	—	— à 77.
Gebhardt George,	—	— à 78.
Webb Robert,	Angleterre,	—
Chaumet Ferdinand,	Paris,	— à 81.
Lackerbauer Ernest,	—	—
Buon Frédéric,	—	— à 80.
Lamproy Henri,	—	— à 78.
De Herodinoff Pierre,	Saint-Pétersbourg,	— à 77.
Racinet Eugène,	Paris,	— à 79.
Mourgue Émilien,	—	— à 77.
Vanderbeck Victor,	—	— à 78.
Wimbush Philip,	Londres,	1877 à 78.
Monteath,	—	—
Pernety Didier,	Paris,	—
Bazalgette Sidney,	Woolwich,	—
Picanon,	Villefagnan,	—

GERMOND Louis,	Bethesda,	1877 à 79.
TRAVIS George,	Sheffield,	— à 78.
MARTIN Ferdinand,	Jersey,	— à 78.
HERRENSCHMIDT George.	Strasbourg,	— à 79.
BARKER Clarence,	New-York,	— à 78.
DUEZ Léopold,	Paris,	— à 78.
MENUT Maurice,	—	— à 78.
MAGNAN Gaston,	—	— à 78.
GODEBSKI Stanislas,	—	— à 80.
ZACOUTEGUY Bernardin,	Brésil,	— à 78.
MOREL,	Paris,	—
HEUZE Auguste,	—	— à 79.
VIALLET Alfred,	Pierrefonds,	— à 81.
MORIN Charles,	Paris,	— prés. en 84.
CHEVALIER Pierre,	—	— à 78.
HALL Ralph,	Lancashire,	— à 78.
VELUET Gaston,	Paris,	— à 78.
TUBEUF Henri,	—	—
LECKIE David,	Londres,	1878.
LEFÈBVRE Charles,	Saint-Quentin,	—
ROUSSEL Jules,	Luneray,	— à 80.
DELANEY Joseph,	Nouvelle-Orléans,	—
GRANT James,	Londres,	—
GRANT John,	—	—
WORRINGHAM Henry,	—	— à 79.
HERRENSCHMIDT Fernand.	Strasbourg,	— prés. en 84.
COUVE Édouard,	Bordeaux,	— à 79.
DE DIETRICH Albert,	Niederbronn,	— à 80.
DURAND Émile,	Mazamet,	— à 80.
DURAND Charles,	—	— prés. en 84.
DUPUY Adrien,	Paris,	— —
PONSOLLE Rémy,	—	— à 79.
BARBIER Justin,	—	— à 79.
SCHUTZENBERGER,	—	—
PIERCY Henry,	Londres,	—

Conore Édmond,	Paris,	1878 à 79.
Birckel Édouard,	Alsace,	— à 79.
Jayet Henri,	Paris,	— à 79.
Groseille Paul,	—	— à 81.
Stayner Sutherland,	Windsor,	1879 à 80.
Croker Thomas,	Stogumber,	— à 80.
Blakeley William,	Horbury,	— à 80.
Allaire Albert,	Paris,	— à 80.
Bousquet George,	—	—prés. en 84.
Anglas Jules,	—	—
Vilain,	—	— à 80.
Gsell Albert,	—	—prés. en 84.
Gsell Paul,	—	— à 83.
Chuit Gustave,	—	— à 82.
Gallet Maurice,	—	— à 80.
Andru Henri,	—	— à 82.
Tadeoni Lucien,	—	—prés. en 84.
De Blussé,	Hollande,	1880.
Cunliffe Philip,	Londres,	—
Alexander Frédéric,	Paris,	— à 82.
Alexander Henry,	Londres,	— à 82.
Hankey Arnold,	Brighton,	—
Pressoir Charles,	Haïti,	—prés. en 84.
Domond Réalmont,	—	—
Brisbane Arthur,	Buffalo,	— à 81.
Brisbane Fowel,	New-York,	— à 81.
Réalier-Dumas Maxime,	Chatou,	— à 81.
Barda Arthur,	Wien,	—
Castanon Carlos,	Paris,	—
Bradner Lester,	Angleterre,	— à 81.
Chaussier Charles,	Châlon-sur-Saône,	— à 81.
Lauwereyns Henri,	Paris,	—prés. en 84.
Kessler Alexandre,	—	—
Arnoult Alphonse,	—	—
Pressigny Pierre,	—	— à 81.

MAUDOUX Albert,	Paris,	1880 à 81.
MAUDOUX Édouard,	—	— à 81.
DUVAL Lucien,	Couvet,	1881 à 82.
CASALIS George,	Morija (Lessouto),	— à 82.
FALLE Paul,	Fontainebleau,	— à 82.
DALENCOURT René,	Rochefort,	— à 82.
DE MONTAUT Maurice,	Figeac,	—
HOSKIER Henri,	Paris,	—prés. en 84.
WALTHER Louis,	Strasbourg,	— à 82.
GIRDWOOD William,	Londres,	— à 82.
BLOMART Camille,	Paris,	—prés. en 84.
JOURDAN Charles,	—	— à 82.
PORCABEUF Louis,	—	1881 à 83.
COURONNEAU Émile,	—	— à 83.
LEFÈBVRE George,	—	—prés. en 84.
FROMANTIN Édouard,	—	— à 82.
FARJAT Henri,	—	1882.
L'HARDY George,	Locle,	— à 83.
SMITH Charles,	Clifton,	— à 83.
BRANDER Winfred,	Tahiti,	— à 83.
PERCY Lewis,	Angleterre,	— à 83.
DUMAS-VORZET François,	Paris,	—prés. en 84.
DUMAS-VORZET Henri,	—	— —
FROMANTIN Fernand,	—	— —
DE KETTWICH Louis,	Java,	— à 83.
DE RETTEL Stanislas,	Paris,	— à 83.
MATOUT Louis,	—	— à 83.
BASTIEN Albert,	—	— à 83.
ELLENBERGER Jules,	Massitissi,	1883 prés. en 84.
PINDER Arthur,	Nottingham,	— à 84.
HEARD Percy,	Newport (Monmouth),	—prés. en 84.
GAILLARD Gustave,	Arudy (B.-Pyr.),	— —
GAILLARD Théophile,	—	— —
CHAPONNIÈRE Paul,	Marseille,	— —
DUROZIEZ Paul,	Paris,	— —

Hollard Auguste,	Paris,	1883, prés. en 84.
Hollard Roger,	Lausanne,	— —
Marlio Auguste,	Paris,	— —
Marlio Henri,	—	— —
Pagand Eugène,	Toulon,	— —
Watelet Eugène,	Paris,	— —
Strube Henri,	Londres,	— —
Gantès Louis,	Alexandrie (Égypte),	— —
Mary Charles,	Paris,	— —
Loranchet Édouard,	Gergy (S.-et-L.),	— —
Lartigue Albert,	Saint-Nazaire,	1884 —
De Savornin Jean,	Nîmes,	— —

Paris. — Charles Unsinger, imprimeur, 83, rue du Bac.

www.ingramcontent.com/pod-product-compliance
Lightning Source LLC
LaVergne TN
LVHW020945090426
835512LV00009B/1715